Questa agenda appartiene a:

____

____

____

____

____

____

CALENDARIO

	GENNAIO	FEBBRAIO	MARZO	APRILE	MAGGIO	GIUGNO
1	VEN	LUN	LUN	GIO	SAB	MAR
2	SAB	MAR	MAR	VEN	DOM	MER
3	DOM	MER	MER	SAB	LUN	GIO
4	LUN	GIO	GIO	DOM	MAR	VEN
5	MAR	VEN	VEN	LUN	MER	SAB
6	MER	SAB	SAB	MAR	GIO	DOM
7	GIO	DOM	DOM	MER	VEN	LUN
8	VEN	LUN	LUN	GIO	SAB	MAR
9	SAB	MAR	MAR	VEN	DOM	MER
10	DOM	MER	MER	SAB	LUN	GIO
11	LUN	GIO	GIO	DOM	MAR	VEN
12	MAR	VEN	VEN	LUN	MER	SAB
13	MER	SAB	SAB	MAR	GIO	DOM
14	GIO	DOM	DOM	MER	VEN	LUN
15	VEN	LUN	LUN	GIO	SAB	MAR
16	SAB	MAR	MAR	VEN	DOM	MER
17	DOM	MER	MER	SAB	LUN	GIO
18	LUN	GIO	GIO	DOM	MAR	VEN
19	MAR	VEN	VEN	LUN	MER	SAB
20	MER	SAB	SAB	MAR	GIO	DOM
21	GIO	DOM	DOM	MER	VEN	LUN
22	VEN	LUN	LUN	GIO	SAB	MAR
23	SAB	MAR	MAR	VEN	DOM	MER
24	DOM	MER	MER	SAB	LUN	GIO
25	LUN	GIO	GIO	DOM	MAR	VEN
26	MAR	VEN	VEN	LUN	MER	SAB
27	MER	SAB	SAB	MAR	GIO	DOM
28	GIO	DOM	DOM	MER	VEN	LUN
29	VEN		LUN	GIO	SAB	MAR
30	SAB		MAR	VEN	DOM	MER
31	DOM		MER		LUN	

LUGLIO	AGOSTO	SETTEMBRE	OTTOBRE	NOVEMBRE	DICEMBRE	
GIO	DOM	MER	VEN	LUN	MER	1
VEN	LUN	GIO	SAB	MAR	GIO	2
SAB	MAR	VEN	DOM	MER	VEN	3
DOM	MER	SAB	LUN	GIO	SAB	4
LUN	GIO	DOM	MAR	VEN	DOM	5
MAR	VEN	LUN	MER	SAB	LUN	6
MER	SAB	MAR	GIO	DOM	MAR	7
GIO	DOM	MER	VEN	LUN	MER	8
VEN	LUN	GIO	SAB	MAR	GIO	9
SAB	MAR	VEN	DOM	MER	VEN	10
DOM	MER	SAB	LUN	GIO	SAB	11
LUN	GIO	DOM	MAR	VEN	DOM	12
MAR	VEN	LUN	MER	SAB	LUN	13
MER	SAB	MAR	GIO	DOM	MAR	14
GIO	DOM	MER	VEN	LUN	MER	15
VEN	LUN	GIO	SAB	MAR	GIO	16
SAB	MAR	VEN	DOM	MER	VEN	17
DOM	MER	SAB	LUN	GIO	SAB	18
LUN	GIO	DOM	MAR	VEN	DOM	19
MAR	VEN	LUN	MER	SAB	LUN	20
MER	SAB	MAR	GIO	DOM	MAR	21
GIO	DOM	MER	VEN	LUN	MER	22
VEN	LUN	GIO	SAB	MAR	GIO	23
SAB	MAR	VEN	DOM	MER	VEN	24
DOM	MER	SAB	LUN	GIO	SAB	25
LUN	GIO	DOM	MAR	VEN	DOM	26
MAR	VEN	LUN	MER	SAB	LUN	27
MER	SAB	MAR	GIO	DOM	MAR	28
GIO	DOM	MER	VEN	LUN	MER	29
VEN	LUN	GIO	SAB	MAR	GIO	30
SAB	MAR		DOM		VEN	31

CALENDARIO

	GENNAIO	FEBBRAIO	MARZO	APRILE	MAGGIO	GIUGNO
1	SAB	MAR	MAR	VEN	DOM	MER
2	DOM	MER	MER	SAB	LUN	GIO
3	LUN	GIO	GIO	DOM	MAR	VEN
4	MAR	VEN	VEN	LUN	MER	SAB
5	MER	SAB	SAB	MAR	GIO	DOM
6	GIO	DOM	DOM	MER	VEN	LUN
7	VEN	LUN	LUN	GIO	SAB	MAR
8	SAB	MAR	MAR	VEN	DOM	MER
9	DOM	MER	MER	SAB	LUN	GIO
10	LUN	GIO	GIO	DOM	MAR	VEN
11	MAR	VEN	VEN	LUN	MER	SAB
12	MER	SAB	SAB	MAR	GIO	DOM
13	GIO	DOM	DOM	MER	VEN	LUN
14	VEN	LUN	LUN	GIO	SAB	MAR
15	SAB	MAR	MAR	VEN	DOM	MER
16	DOM	MER	MER	SAB	LUN	GIO
17	LUN	GIO	GIO	DOM	MAR	VEN
18	MAR	VEN	VEN	LUN	MER	SAB
19	MER	SAB	SAB	MAR	GIO	DOM
20	GIO	DOM	DOM	MER	VEN	LUN
21	VEN	LUN	LUN	GIO	SAB	MAR
22	SAB	MAR	MAR	VEN	DOM	MER
23	DOM	MER	MER	SAB	LUN	GIO
24	LUN	GIO	GIO	DOM	MAR	VEN
25	MAR	VEN	VEN	LUN	MER	SAB
26	MER	SAB	SAB	MAR	GIO	DOM
27	GIO	DOM	DOM	MER	VEN	LUN
28	VEN	LUN	LUN	GIO	SAB	MAR
29	SAB		MAR	VEN	DOM	MER
30	DOM		MER	SAB	LUN	GIO
31	LUN		GIO		MAR	

2022

LUGLIO	AGOSTO	SETTEMBRE	OTTOBRE	NOVEMBRE	DICEMBRE	
VEN	LUN	GIO	SAB	MAR	GIO	1
SAB	MAR	VEN	DOM	MER	VEN	2
DOM	MER	SAB	LUN	GIO	SAB	3
LUN	GIO	DOM	MAR	VEN	DOM	4
MAR	VEN	LUN	MER	SAB	LUN	5
MER	SAB	MAR	GIO	DOM	MAR	6
GIO	DOM	MER	VEN	LUN	MER	7
VEN	LUN	GIO	SAB	MAR	GIO	8
SAB	MAR	VEN	DOM	MER	VEN	9
DOM	MER	SAB	LUN	GIO	SAB	10
LUN	GIO	DOM	MAR	VEN	DOM	11
MAR	VEN	LUN	MER	SAB	LUN	12
MER	SAB	MAR	GIO	DOM	MAR	13
GIO	DOM	MER	VEN	LUN	MER	14
VEN	LUN	GIO	SAB	MAR	GIO	15
SAB	MAR	VEN	DOM	MER	VEN	16
DOM	MER	SAB	LUN	GIO	SAB	17
LUN	GIO	DOM	MAR	VEN	DOM	18
MAR	VEN	LUN	MER	SAB	LUN	19
MER	SAB	MAR	GIO	DOM	MAR	20
GIO	DOM	MER	VEN	LUN	MER	21
VEN	LUN	GIO	SAB	MAR	GIO	22
SAB	MAR	VEN	DOM	MER	VEN	23
DOM	MER	SAB	LUN	GIO	SAB	24
LUN	GIO	DOM	MAR	VEN	DOM	25
MAR	VEN	LUN	MER	SAB	LUN	26
MER	SAB	MAR	GIO	DOM	MAR	27
GIO	DOM	MER	VEN	LUN	MER	28
VEN	LUN	GIO	SAB	MAR	GIO	29
SAB	MAR	VEN	DOM	MER	VEN	30
DOM	MER		LUN		SAB	31

28 LUNEDÌ

29 MARTEDÌ

30 MERCOLEDÌ

31 GIOVEDÌ

1 VENERDÌ

2 SABATO

Set. 53

3 DOMENICA

Note

Cose da fare

- ○
- ○
- ○
- ○
- ○
- ○
- ○
- ○
- ○
- ○
- ○
- ○
- ○

L	M	M	G	V	S	D
				1	2	3
4	5	6	7	8	9	10
11	12	13	14	15	16	17
18	19	20	21	22	23	24
25	26	27	28	29	30	31

4 LUNEDÌ

5 MARTEDÌ

6 MERCOLEDÌ

7 GIOVEDÌ

8 VENERDÌ

9 SABATO

10 DOMENICA

Note

Cose da fare

○
○
○
○
○
○
○
○
○
○
○
○
○

L	M	M	G	V	S	D
				1	2	3
4	5	6	7	8	9	10
11	SABATO	13	14	15	16	17
18	19	20	21	22	23	24
25	26	27	28	29	30	31

11 LUNEDÌ

12 MARTEDÌ

13 MERCOLEDÌ

14 GIOVEDÌ

15 VENERDÌ

16 SABATO   Set. 2

17 DOMENICA

Note

Cose da fare

○
○
○
○
○
○
○
○
○
○
○
○

L	M	M	G	V	S	D
				1	2	3
4	5	6	7	8	9	10
11	12	13	14	15	16	17
18	19	20	21	22	23	24
25	26	27	28	29	30	31

18 LUNEDÌ

19 MARTEDÌ

20 MERCOLEDÌ

21 GIOVEDÌ

22 VENERDÌ

23 SABATO

Set. 3

24 DOMENICA

Note

Cose da fare

- ○
- ○
- ○
- ○
- ○
- ○
- ○
- ○
- ○
- ○
- ○
- ○
- ○

L	M	M	G	V	S	D
				1	2	3
4	5	6	7	8	9	10
11	SABATO	13	14	15	16	17
18	19	20	21	22	23	24
25	26	27	28	29	30	31

25 LUNEDÌ

26 MARTEDÌ

27 MERCOLEDÌ

28 GIOVEDÌ

29 VENERDÌ

30 SABATO

Set. 4

31 DOMENICA

Note

Cose da fare

- ○
- ○
- ○
- ○
- ○
- ○
- ○
- ○
- ○
- ○
- ○
- ○
- ○

L	M	M	G	V	S	D
				1	2	3
4	5	6	7	8	9	10
11	12	13	14	15	16	17
18	19	20	21	22	23	24
25	26	27	28	29	30	31

1 LUNEDÌ

2 MARTEDÌ

3 MERCOLEDÌ

4 GIOVEDÌ

5 VENERDÌ

6 SABATO Set. 5

7 DOMENICA

Note

Cose da fare

○
○
○
○
○
○
○
○
○
○
○
○
○

L	M	M	G	V	S	D
1	2	3	4	5	6	7
8	9	10	11	12	13	14
15	16	17	18	19	20	21
22	23	24	25	26	27	28

8 LUNEDÌ

9 MARTEDÌ

10 MERCOLEDÌ

11 GIOVEDÌ

12 VENERDÌ

13 SABATO   Set. 6

14 DOMENICA

Note

Cose da fare

- ○
- ○
- ○
- ○
- ○
- ○
- ○
- ○
- ○
- ○
- ○
- ○

L	M	M	G	V	S	D
1	2	3	4	5	6	7
8	9	10	11	12	13	14
15	16	17	18	19	20	21
22	23	24	25	26	27	28

15 LUNEDÌ

16 MARTEDÌ

17 MERCOLEDÌ

18 GIOVEDÌ

19 VENERDÌ

20 SABATO

Set. 7

21 DOMENICA

Note

Cose da fare

- ○
- ○
- ○
- ○
- ○
- ○
- ○
- ○
- ○
- ○
- ○
- ○
- ○

L	M	M	G	V	S	D
1	2	3	4	5	6	7
8	9	10	11	12	13	14
15	16	17	18	19	20	21
22	23	24	25	26	27	28

22 LUNEDÌ

23 MARTEDÌ

24 MERCOLEDÌ

25 GIOVEDÌ

26 VENERDÌ

27 SABATO   Set.   8

28 DOMENICA

Note

Cose da fare

L	M	M	G	V	S	D
1	2	3	4	5	6	7
8	9	10	11	12	13	14
15	16	17	18	19	20	21
22	23	24	25	26	27	28

1 LUNEDÌ

2 MARTEDÌ

3 MERCOLEDÌ

4 GIOVEDÌ

5 VENERDÌ

6 SABATO

7 DOMENICA

Note

Cose da fare

L	M	M	G	V	S	D
1	2	3	4	5	6	7
8	9	10	11	12	13	14
15	16	17	18	19	20	21
22	23	24	25	26	27	28
29	30	31				

8 LUNEDÌ

9 MARTEDÌ

10 MERCOLEDÌ

11 GIOVEDÌ

12 VENERDÌ

13 SABATO

Set. 10

14 DOMENICA

Note

Cose da fare

○
○
○
○
○
○
○
○
○
○
○
○
○

L	M	M	G	V	S	D
1	2	3	4	5	6	7
8	9	10	11	12	13	14
15	16	17	18	19	20	21
22	23	24	25	26	27	28
29	30	31				

15 LUNEDÌ

16 MARTEDÌ

17 MERCOLEDÌ

18 GIOVEDÌ

19 VENERDÌ

20 SABATO

21 DOMENICA

Note

Cose da fare

- ○
- ○
- ○
- ○
- ○
- ○
- ○
- ○
- ○
- ○
- ○
- ○
- ○

L	M	M	G	V	S	D
1	2	3	4	5	6	7
8	9	10	11	12	13	14
15	16	17	18	19	20	21
22	23	24	25	26	27	28
29	30	31				

26 VENERDÌ

27 SABATO

28 DOMENICA

Note

Cose da fare

- ○
- ○
- ○
- ○
- ○
- ○
- ○
- ○
- ○
- ○
- ○
- ○

L	M	M	G	V	S	D
1	2	3	4	5	6	7
8	9	10	11	12	13	14
15	16	17	18	19	20	21
22	23	24	25	26	27	28
29	30	31				

29 LUNEDÌ

30 MARTEDÌ

31 MERCOLEDÌ

1 GIOVEDÌ

2 VENERDÌ

3 SABATO

4 DOMENICA

Note

Cose da fare

- ○
- ○
- ○
- ○
- ○
- ○
- ○
- ○
- ○
- ○
- ○
- ○
- ○

L	M	M	G	V	S	D
			1	2	3	4
5	6	7	8	9	10	11
12	13	14	15	16	17	18
19	20	21	22	23	24	25
26	27	28	29	30		

5 LUNEDÌ

6 MARTEDÌ

7 MERCOLEDÌ

8 GIOVEDÌ

9 VENERDÌ

10 SABATO

11 DOMENICA

Note

Cose da fare

- ○
- ○
- ○
- ○
- ○
- ○
- ○
- ○
- ○
- ○
- ○
- ○

L	M	M	G	V	S	D
			1	2	3	4
5	6	7	8	9	10	11
12	13	14	15	16	17	18
19	20	21	22	23	24	25
26	27	28	29	30		

12 LUNEDÌ

13 MARTEDÌ

14 MERCOLEDÌ

15 GIOVEDÌ

16 VENERDÌ

17 SABATO

18 DOMENICA

Note

Cose da fare

- ○
- ○
- ○
- ○
- ○
- ○
- ○
- ○
- ○
- ○
- ○
- ○
- ○

L	M	M	G	V	S	D
			1	2	3	4
5	6	7	8	9	10	11
12	13	14	15	16	17	18
19	20	21	22	23	24	25
26	27	28	29	30		

19 LUNEDÌ

20 MARTEDÌ

21 MERCOLEDÌ

22 GIOVEDÌ

23 VENERDÌ

24 SABATO

25 DOMENICA

Note

Cose da fare

○
○
○
○
○
○
○
○
○
○
○
○
○

L	M	M	G	V	S	D
			1	2	3	4
5	6	7	8	9	10	11
12	13	14	15	16	17	18
19	20	21	22	23	24	25
26	27	28	29	30		

26 LUNEDÌ

27 MARTEDÌ

28 MERCOLEDÌ

29 GIOVEDÌ

30 VENERDÌ

1 SABATO

2 DOMENICA

Note

Cose da fare

○
○
○
○
○
○
○
○
○
○
○
○

L	M	M	G	V	S	D
			1	2	3	4
5	6	7	8	9	10	11
12	13	14	15	16	17	18
19	20	21	22	23	24	25
26	27	28	29	30		

3 LUNEDÌ

4 MARTEDÌ

5 MERCOLEDÌ

6 GIOVEDÌ

7 VENERDÌ

8 SABATO

9 DOMENICA

Note

Cose da fare

○
○
○
○
○
○
○
○
○
○
○
○
○

L	M	M	G	V	S	D
					1	2
3	4	5	6	7	8	9
10	11	12	13	14	15	16
17	18	19	20	21	22	23
24	25	26	27	28	29	30
31						

10 LUNEDÌ

11 MARTEDÌ

12 MERCOLEDÌ

13 GIOVEDÌ

14 VENERDÌ

15 SABATO

16 DOMENICA

Note

Cose da fare

- ○
- ○
- ○
- ○
- ○
- ○
- ○
- ○
- ○
- ○
- ○
- ○
- ○

L	M	M	G	V	S	D
					1	2
3	4	5	6	7	8	9
10	11	12	13	14	15	16
17	18	19	20	21	22	23
24	25	26	27	28	29	30
31						

17 LUNEDÌ

18 MARTEDÌ

19 MERCOLEDÌ

20 GIOVEDÌ

21 VENERDÌ

22 SABATO

23 DOMENICA

Note

Cose da fare

- ○
- ○
- ○
- ○
- ○
- ○
- ○
- ○
- ○
- ○
- ○
- ○
- ○

L	M	M	G	V	S	D
					1	2
3	4	5	6	7	8	9
10	11	12	13	14	15	16
17	18	19	20	21	22	23
24	25	26	27	28	29	30
31						

24 LUNEDÌ

25 MARTEDÌ

26 MERCOLEDÌ

27 GIOVEDÌ

28 VENERDÌ

29 SABATO

30 DOMENICA

Note

Cose da fare

- ○
- ○
- ○
- ○
- ○
- ○
- ○
- ○
- ○
- ○
- ○
- ○
- ○

L	M	M	G	V	S	D
					1	2
3	4	5	6	7	8	9
10	11	12	13	14	15	16
17	18	19	20	21	22	23
24	25	26	27	28	29	30
31						

31 LUNEDÌ

1 MARTEDÌ

2 MERCOLEDÌ

3 GIOVEDÌ

4 VENERDÌ

5 SABATO

6 DOMENICA

Note

Cose da fare

- ○
- ○
- ○
- ○
- ○
- ○
- ○
- ○
- ○
- ○
- ○
- ○
- ○

L	M	M	G	V	S	D
	1	2	3	4	5	6
7	8	9	10	11	12	13
14	15	16	17	18	19	20
21	22	23	24	25	26	27
28	29	30				

7 LUNEDÌ

8 MARTEDÌ

9 MERCOLEDÌ

10 GIOVEDÌ

11 VENERDÌ

12 SABATO

13 DOMENICA

Note

Cose da fare

- ○
- ○
- ○
- ○
- ○
- ○
- ○
- ○
- ○
- ○
- ○
- ○
- ○

L	M	M	G	V	S	D
	1	2	3	4	5	6
7	8	9	10	11	12	13
14	15	16	17	18	19	20
21	22	23	24	25	26	27
28	29	30				

14 LUNEDÌ

15 MARTEDÌ

16 MERCOLEDÌ

17 GIOVEDÌ

18 VENERDÌ

19 SABATO

20 DOMENICA

Note

Cose da fare

○
○
○
○
○
○
○
○
○
○
○
○

L	M	M	G	V	S	D
	1	2	3	4	5	6
7	8	9	10	11	12	13
14	15	16	17	18	19	20
21	22	23	24	25	26	27
28	29	30				

21 LUNEDÌ

22 MARTEDÌ

23 MERCOLEDÌ

24 GIOVEDÌ

25 VENERDÌ

26 SABATO

Set. 25

27 DOMENICA

Note

Cose da fare

- ○
- ○
- ○
- ○
- ○
- ○
- ○
- ○
- ○
- ○
- ○
- ○

L	M	M	G	V	S	D
	1	2	3	4	5	6
7	8	9	10	11	12	13
14	15	16	17	18	19	20
21	22	23	24	25	26	27
28	29	30				

28 LUNEDÌ

29 MARTEDÌ

30 MERCOLEDÌ

1 GIOVEDÌ

2 VENERDÌ

3 SABATO

4 DOMENICA

Note

Cose da fare

○
○
○
○
○
○
○
○
○
○
○
○
○

L	M	M	G	V	S	D
			1	2	3	4
5	6	7	8	9	10	11
12	13	14	15	16	17	18
19	20	21	22	23	24	25
26	27	28	29	30	31	

5 LUNEDÌ

6 MARTEDÌ

7 MERCOLEDÌ

8 GIOVEDÌ

9 VENERDÌ

10 SABATO

11 DOMENICA

Note

Cose da fare

- ○
- ○
- ○
- ○
- ○
- ○
- ○
- ○
- ○
- ○
- ○
- ○
- ○

L	M	M	G	V	S	D
			1	2	3	4
5	6	7	8	9	10	11
12	13	14	15	16	17	18
19	20	21	22	23	24	25
26	27	28	29	30	31	

12 LUNEDÌ

13 MARTEDÌ

14 MERCOLEDÌ

15 GIOVEDÌ

16 VENERDÌ

17 SABATO   Set. 28

18 DOMENICA

Note

Cose da fare

○
○
○
○
○
○
○
○
○
○
○
○
○

L	M	M	G	V	S	D
			1	2	3	4
5	6	7	8	9	10	11
12	13	14	15	16	17	18
19	20	21	22	23	24	25
26	27	28	29	30	31	

19 LUNEDÌ

20 MARTEDÌ

21 MERCOLEDÌ

22 GIOVEDÌ

23 VENERDÌ

24 SABATO

25 DOMENICA

Note

Cose da fare

○
○
○
○
○
○
○
○
○
○
○
○

L	M	M	G	V	S	D
			1	2	3	4
5	6	7	8	9	10	11
12	13	14	15	16	17	18
19	20	21	22	23	24	25
26	27	28	29	30	31	

26 LUNEDÌ

27 MARTEDÌ

28 MERCOLEDÌ

29 GIOVEDÌ

30 VENERDÌ

31 SABATO

1 DOMENICA

Note

Cose da fare

- ○
- ○
- ○
- ○
- ○
- ○
- ○
- ○
- ○
- ○
- ○
- ○
- ○

L	M	M	G	V	S	D
			1	2	3	4
5	6	7	8	9	10	11
12	13	14	15	16	17	18
19	20	21	22	23	24	25
26	27	28	29	30	31	

2 LUNEDÌ

3 MARTEDÌ

4 MERCOLEDÌ

5 GIOVEDÌ

6 VENERDÌ

7 SABATO Set. 31

8 DOMENICA

Note

Cose da fare

○
○
○
○
○
○
○
○
○
○
○
○
○

L	M	M	G	V	S	D
						1
2	3	4	5	6	7	8
9	10	11	12	13	14	15
16	17	18	19	20	21	22
23	24	25	26	27	28	29
30	31					

9 LUNEDÌ

10 MARTEDÌ

11 MERCOLEDÌ

12 GIOVEDÌ

13 VENERDÌ

14 SABATO

15 DOMENICA

Note

Cose da fare

L	M	M	G	V	S	D
						1
2	3	4	5	6	7	8
9	10	11	12	13	14	15
16	17	18	19	20	21	22
23	24	25	26	27	28	29
30	31					

16 LUNEDÌ

17 MARTEDÌ

18 MERCOLEDÌ

19 GIOVEDÌ

20 VENERDÌ

21 SABATO

22 DOMENICA

Note

Cose da fare

L	M	M	G	V	S	D
						1
2	3	4	5	6	7	8
9	10	11	12	13	14	15
16	17	18	19	20	21	22
23	24	25	26	27	28	29
30	31					

23 LUNEDÌ

24 MARTEDÌ

25 MERCOLEDÌ

26 GIOVEDÌ

27 VENERDÌ

28 SABATO
Set. 34

29 DOMENICA

Note

Cose da fare

- ○
- ○
- ○
- ○
- ○
- ○
- ○
- ○
- ○
- ○
- ○
- ○
- ○

L	M	M	G	V	S	D
						1
2	3	4	5	6	7	8
9	10	11	12	13	14	15
16	17	18	19	20	21	22
23	24	25	26	27	28	29
30	31					

30 LUNEDÌ

31 MARTEDÌ

1 MERCOLEDÌ

2 GIOVEDÌ

3 VENERDÌ

4 SABATO

5 DOMENICA

Note

Cose da fare

L	M	M	G	V	S	D
		1	2	3	4	5
6	7	8	9	10	11	12
13	14	15	16	17	18	19
20	21	22	23	24	25	26
27	28	29	30			

6 LUNEDÌ

7 MARTEDÌ

8 MERCOLEDÌ

9 GIOVEDÌ

10 VENERDÌ

11 SABATO

12 DOMENICA

Note

Cose da fare

L	M	M	G	V	S	D
		1	2	3	4	5
6	7	8	9	10	11	12
13	14	15	16	17	18	19
20	21	22	23	24	25	26
27	28	29	30			

13 LUNEDÌ

14 MARTEDÌ

15 MERCOLEDÌ

16 GIOVEDÌ

17 VENERDÌ

18 SABATO

19 DOMENICA

Note

Cose da fare

L	M	M	G	V	S	D
		1	2	3	4	5
6	7	8	9	10	11	12
13	14	15	16	17	18	19
20	21	22	23	24	25	26
27	28	29	30			

20 LUNEDÌ

21 MARTEDÌ

22 MERCOLEDÌ

23 GIOVEDÌ

24 VENERDÌ

25 SABATO

Set. 38

26 DOMENICA

Note

Cose da fare

- ○
- ○
- ○
- ○
- ○
- ○
- ○
- ○
- ○
- ○
- ○
- ○
- ○

L	M	M	G	V	S	D
		1	2	3	4	5
6	7	8	9	10	11	12
13	14	15	16	17	18	19
20	21	22	23	24	25	26
27	28	29	30			

27 LUNEDÌ

28 MARTEDÌ

29 MERCOLEDÌ

30 GIOVEDÌ

1 VENERDÌ

2 SABATO

3 DOMENICA

Note

Cose da fare

○
○
○
○
○
○
○
○
○
○
○
○
○

L	M	M	G	V	S	D
				1	2	3
4	5	6	7	8	9	10
11	12	13	14	15	16	17
18	19	20	21	22	23	24
25	26	27	28	29	30	31

4 LUNEDÌ

5 MARTEDÌ

6 MERCOLEDÌ

7 GIOVEDÌ

8 VENERDÌ

9 SABATO

Set. 40

10 DOMENICA

Note

Cose da fare

L	M	M	G	V	S	D
				1	2	3
4	5	6	7	8	9	10
11	12	13	14	15	16	17
18	19	20	21	22	23	24
25	26	27	28	29	30	31

11 LUNEDÌ

12 MARTEDÌ

13 MERCOLEDÌ

14 GIOVEDÌ

15 VENERDÌ

16 SABATO

Set. 41

17 DOMENICA

Note

Cose da fare

- ○
- ○
- ○
- ○
- ○
- ○
- ○
- ○
- ○
- ○
- ○
- ○
- ○

L	M	M	G	V	S	D
				1	2	3
4	5	6	7	8	9	10
11	12	13	14	15	16	17
18	19	20	21	22	23	24
25	26	27	28	29	30	31

18 LUNEDÌ

19 MARTEDÌ

20 MERCOLEDÌ

21 GIOVEDÌ

22 VENERDÌ

23 SABATO

Set. 42

24 DOMENICA

Note

Cose da fare

○
○
○
○
○
○
○
○
○
○
○
○
○

L	M	M	G	V	S	D
				1	2	3
4	5	6	7	8	9	10
11	12	13	14	15	16	17
18	19	20	21	22	23	24
25	26	27	28	29	30	31

25 LUNEDÌ

26 MARTEDÌ

27 MERCOLEDÌ

28 GIOVEDÌ

29 VENERDÌ

30 SABATO

31 DOMENICA

Note

Cose da fare

- ○
- ○
- ○
- ○
- ○
- ○
- ○
- ○
- ○
- ○
- ○
- ○
- ○

L	M	M	G	V	S	D
				1	2	3
4	5	6	7	8	9	10
11	12	13	14	15	16	17
18	19	20	21	22	23	24
25	26	27	28	29	30	31

1 LUNEDÌ

2 MARTEDÌ

3 MERCOLEDÌ

4 GIOVEDÌ

5 VENERDÌ

6 SABATO   Set. **44**

7 DOMENICA

Note

Cose da fare

○
○
○
○
○
○
○
○
○
○
○
○
○

L	M	M	G	V	S	D
1	2	3	4	5	6	7
8	9	10	11	12	13	14
15	16	17	18	19	20	21
22	23	24	25	26	27	28
29	30					

8 LUNEDÌ

9 MARTEDÌ

10 MERCOLEDÌ

11 GIOVEDÌ

12 VENERDÌ

13 SABATO

Set. 45

14 DOMENICA

Note

Cose da fare

L	M	M	G	V	S	D
1	2	3	4	5	6	7
8	9	10	11	12	13	14
15	16	17	18	19	20	21
22	23	24	25	26	27	28
29	30					

15 LUNEDÌ

16 MARTEDÌ

17 MERCOLEDÌ

18 GIOVEDÌ

19 VENERDÌ

20 SABATO

21 DOMENICA

Note

Cose da fare

- ○
- ○
- ○
- ○
- ○
- ○
- ○
- ○
- ○
- ○
- ○
- ○

L	M	M	G	V	S	D
1	2	3	4	5	6	7
8	9	10	11	12	13	14
15	16	17	18	19	20	21
22	23	24	25	26	27	28
29	30					

22 LUNEDÌ

23 MARTEDÌ

24 MERCOLEDÌ

25 GIOVEDÌ

26 VENERDÌ

27 SABATO

Set. 47

28 DOMENICA

Note

Cose da fare

L	M	M	G	V	S	D
		1	2	3	4	5
6	7	8	9	10	11	12
13	14	15	16	17	18	19
20	21	22	23	24	25	26
27	28	29	30	31		

29 LUNEDÌ

30 MARTEDÌ

1 MERCOLEDÌ

2 GIOVEDÌ

3 VENERDÌ

4 SABATO

5 DOMENICA

Note

Cose da fare

- ○
- ○
- ○
- ○
- ○
- ○
- ○
- ○
- ○
- ○
- ○
- ○
- ○

L	M	M	G	V	S	D
		1	2	3	4	5
6	7	8	9	10	11	12
13	14	15	16	17	18	19
20	21	22	23	24	25	26
27	28	29	30	31		

6 LUNEDÌ

7 MARTEDÌ

8 MERCOLEDÌ

9 GIOVEDÌ

10 VENERDÌ

11 SABATO

12 DOMENICA

Note

Cose da fare

- ○
- ○
- ○
- ○
- ○
- ○
- ○
- ○
- ○
- ○
- ○
- ○
- ○

L	M	M	G	V	S	D
		1	2	3	4	5
6	7	8	9	10	11	12
13	14	15	16	17	18	19
20	21	22	23	24	25	26
27	28	29	30	31		

13 LUNEDÌ

14 MARTEDÌ

15 MERCOLEDÌ

16 GIOVEDÌ

17 VENERDÌ

18 SABATO

19 DOMENICA

Note

Cose da fare

○
○
○
○
○
○
○
○
○
○
○
○
○

L	M	M	G	V	S	D
		1	2	3	4	5
6	7	8	9	10	11	12
13	14	15	16	17	18	19
20	21	22	23	24	25	26
27	28	29	30	31		

20 LUNEDÌ

21 MARTEDÌ

22 MERCOLEDÌ

23 GIOVEDÌ

24 VENERDÌ

25 SABATO

26 DOMENICA

Note

Cose da fare

L	M	M	G	V	S	D
		1	2	3	4	5
6	7	8	9	10	11	12
13	14	15	16	17	18	19
20	21	22	23	24	25	26
27	28	29	30	31		

27 LUNEDÌ

28 MARTEDÌ

29 MERCOLEDÌ

30 GIOVEDÌ

31 VENERDÌ

1 SABATO

2 DOMENICA

Note

Cose da fare

- ○
- ○
- ○
- ○
- ○
- ○
- ○
- ○
- ○
- ○
- ○
- ○
- ○

L	M	M	G	V	S	D
		1	2	3	4	5
6	7	8	9	10	11	12
13	14	15	16	17	18	19
20	21	22	23	24	25	26
27	28	29	30	31		

LUNEDÌ	MARTEDÌ	MERCOLEDÌ	GIOVEDÌ
28	29	30	31
4	5	6	7
11	12	13	14
18	19	20	21
25	26	27	28

GENNAIO

VENERDÌ	SABATO	DOMENICA
1	2	3
8	9	10
15	16	17
22	23	24
29	30	31

LUNEDÌ	MARTEDÌ	MERCOLEDÌ	GIOVEDÌ
1	2	3	4
8	9	10	11
15	16	17	18
22	23	24	25
1	2	3	4

VENERDÌ	SABATO	DOMENICA
5	6	7
12	13	14
19	20	21
26	27	28
5	6	7

LUNEDÌ	MARTEDÌ	MERCOLEDÌ	GIOVEDÌ
1	2	3	4
8	9	10	11
15	16	17	18
22	23	24	25
29	30	31	

MARZO

VENERDÌ	SABATO	DOMENICA
5	6	7
12	13	14
19	20	21
26	27	28
2	3	4

LUNEDÌ	MARTEDÌ	MERCOLEDÌ	GIOVEDÌ
29	30	31	1
5	6	7	8
12	13	14	15
19	20	21	22
26	27	28	29

VENERDÌ	SABATO	DOMENICA
2	3	4
9	10	11
16	17	18
23	24	25
30	1	2

LUNEDÌ	MARTEDÌ	MERCOLEDÌ	GIOVEDÌ
26	27	28	29
3	4	5	6
10	11	12	13
17	18	19	20
24	25	26	27
31			

VENERDÌ	SABATO	DOMENICA
30	1	2
7	8	9
14	15	16
21	22	23
28	29	30

LUNEDÌ
MARTEDÌ
MERCOLEDÌ
GIOVEDÌ
31
1
2
3
7
8
9
10
14
15
16
17
21
22
23
24
28
29
30
1

VENERDÌ	SABATO	DOMENICA
4	5	6
11	12	13
18	19	20
25	26	27
2	3	4

LUNEDÌ	MARTEDÌ	MERCOLEDÌ	GIOVEDÌ
28	29	30	1
5	6	7	8
12	13	14	15
19	20	21	22
26	27	28	29

LUGLIO

VENERDÌ	SABATO	DOMENICA
2	3	4
9	10	11
16	17	18
23	24	25
30	31	

LUNEDÌ	MARTEDÌ	MERCOLEDÌ	GIOVEDÌ
26	27	28	29
2	3	4	5
9	10	11	12
16	17	18	19
23	24	25	26
30	31		

AGOSTO

VENERDÌ	SABATO	DOMENICA
30	31	1
6	7	8
13	14	15
20	21	22
27	28	29

LUNEDÌ	MARTEDÌ	MERCOLEDÌ	GIOVEDÌ
30	31	1	2
6	7	8	9
13	14	15	16
20	21	22	23
27	28	29	30
	31	1	

SETTEMBRE

VENERDÌ	SABATO	DOMENICA
3	4	5
10	11	12
17	18	19
24	25	26
1	2	3

<table>
<tr><td>LUNEDÌ</td><td>MARTEDÌ</td><td>MERCOLEDÌ</td><td>GIOVEDÌ</td></tr>
<tr><td>27</td><td>28</td><td>29</td><td>30</td></tr>
<tr><td>4</td><td>5</td><td>6</td><td>7</td></tr>
<tr><td>11</td><td>12</td><td>13</td><td>14</td></tr>
<tr><td>18</td><td>19</td><td>20</td><td>21</td></tr>
<tr><td>25</td><td>26</td><td>27</td><td>28</td></tr>
</table>

VENERDÌ	SABATO	DOMENICA
1	2	3
8	9	10
15	16	17
22	23	24
29	30	31

LUNEDÌ	MARTEDÌ	MERCOLEDÌ	GIOVEDÌ
1	2	3	4
8	9	10	11
15	16	17	18
22	23	24	25
29	30	1	2

VENERDÌ	SABATO	DOMENICA
5	6	7
12	13	14
19	20	21
26	27	28
3	4	5

LUNEDÌ	MARTEDÌ	MERCOLEDÌ	GIOVEDÌ
29	30	1	2
6	7	8	9
13	14	15	16
20	21	22	23
27	28	29	30

VENERDÌ	SABATO	DOMENICA
3	4	5
10	11	12
17	18	19
24	25	26
31	1	2

🕐	LUN	MAR	MER	GIO	VEN	SAB	DOM

ORARIO SETTIMANALE

🕐	LUN	MAR	MER	GIO	VEN	SAB	DOM

NOTE

NOTE

NOTE

NOTE